TOAST

– heiß auf Käsebrot

Was tun, wenn der Magen knurrt? Ein Käsebrot kommt dann gerade richtig: schnell belegt und zum Reinbeißen lecker.
Das schier unendliche Angebot an deutschen Käsesorten – von Butterkäse über Gouda bis hin zu Allgäuer Bergkäse – garantiert immer wieder aufregend neuen Genuss: von mild und sahnig-cremig bis würzig und pikant – so kommen nicht nur Käsefans auf ihre Kosten! Mit frischem Brot und jeder Menge toller Rezeptideen entsteht das Käsebrot de luxe. Und wer Lust auf einen warmen Snack hat, verwandelt das Ganze in einen knusprig-heißen Toast. Aber kein Vergleich zu früher, denn zartschmelzende Käsevielfalt adelt den altbekannten Toast Hawaii zur trendig-modernen Delikatesse. Einfach unwiderstehlich!

ROASTBEEF-BRÖTCHEN

➤ **edler Sattmacher**

Zutaten für 4 Personen:

- *4 Brötchen*
- *8 große Blätter Radicchio*
- *4 reife Feigen*
- *150 g Edelpilzkäse mit Blauschimmel*
- *50 g Joghurt • 4 EL Sahne*
- *4 EL Weinbrand (ersatzweise Orangensaft)*
- *200 g Roastbeef-Aufschnitt*

ZUBEREITUNGSZEIT: 15 MIN.
PRO PORTION ETWA: 1950 KJ/ 465 KCAL

1 Die Brötchen halbieren. Den Salat waschen und trockenschütteln. Die Feigen waschen und in dünne Scheiben schneiden. Den Käse zerbröckeln und mit dem Joghurt, der Sahne und dem Weinbrand pürieren.

2 Je 2 Salatblätter auf die unteren Brötchenhälften legen. Im Wechsel Roastbeef- und Feigenscheiben darauf verteilen. Mit der Käsesauce beträufeln, die oberen Brötchenhälften locker auflegen.

FRUCHTIGER STEAK-TOAST

➤ **für Gourmets**

Zutaten für 4 Personen:

- *4 Scheiben Vollkorntoast*
- *150 g Radicchio*
- *4 reife Feigen*
- *180 g Edelpilzkäse mit Blauschimmel*
- *2 EL Butterschmalz*
- *2 Rumpsteaks (à 150 g)*
- *Salz • Pfeffer*

ZUBEREITUNGSZEIT: 35 MIN.
PRO PORTION ETWA: 2015 KJ/ 480 KCAL

1 Den Backofen auf 200° (Umluft 180°) vorheizen. Die Toastscheiben toasten. Salat waschen, putzen und in feine Streifen schneiden. Feigen waschen und in Spalten schneiden, Käse in Scheiben schneiden.

2 Das Butterschmalz in einer Pfanne erhitzen, die Steaks darin beidseitig in 3–5 Min. rosa braten, herausnehmen, salzen und pfeffern. Im Bratfett den Radicchio 2 Min. braten.

3 Radicchio auf den Toasts verteilen. Steaks in Scheiben schneiden, im Wechsel mit den Feigen darauf legen. Käse darüber geben, im Ofen (oben) 8–10 Min. überbacken.

KÄSE-FRITTATA-SANDWICH

➤ zum Mitnehmen

Zutaten für 4 Personen:

- *1 Stange Lauch*
- *1 Knoblauchzehe*
- *120 g Allgäuer Bergkäse*
- *5 Eier • Salz • Pfeffer*
- *3 EL Butterschmalz*
- *4 EL Butter • 2 EL Senf*
- *4 längliche Vollkornbrötchen (Kornspitz)*
- *4–8 Salatblätter*

ZUBEREITUNGSZEIT: 25 MIN.
PRO PORTION ETWA: 2060 KJ/ 490 KCAL

1 Lauch waschen, putzen und in feine Ringe schneiden. Knoblauch schälen und hacken. Käse grob raspeln. Eier verquirlen, salzen und pfeffern. Butterschmalz in einer Pfanne erhitzen, Lauch darin 3–5 Min. anbraten, Knoblauch dazugeben, kurz mitbraten, Eier darüber gießen und Käse darüber streuen. Zugedeckt bei mittlerer Hitze in ca. 6 Min. stocken lassen, etwas abkühlen lassen.

2 Butter mit Senf vermengen. Brötchen aufschneiden, mit Senfbutter bestreichen, Salatblätter darauf legen. Die Käse-Frittata vierteln, auf die Brötchen legen, obere Brötchenhälfte darauf klappen.

LAUCH-RAREBITS

➤ very British

Zutaten für 4 Personen:

- *1 Stange Lauch*
- *2 EL Butterschmalz*
- *Salz • Pfeffer*
- *4 Scheiben Toastbrot*
- *150 g Chester*
- *5 EL Bier*
- *2 EL Senf*
- *2 Eigelbe*
- *Pfeffer (nach Belieben)*

ZUBEREITUNGSZEIT: 25 MIN.
PRO PORTION ETWA: 1280 KJ/ 305 KCAL

1 Den Backofen auf 200° (Umluft 180°) vorheizen. Den Lauch waschen, putzen und in feine Ringe schneiden. Das Butterschmalz in einer Pfanne erhitzen, den Lauch darin ca. 5 Min. bei mittlerer Hitze braten, salzen und pfeffern, etwas abkühlen lassen.

2 Die Toastscheiben toasten. Den Käse reiben und mit Bier, Senf und den Eigelben gut vermischen. Lauch auf den Toasts verteilen, die Ei-Käse-Masse darüber geben und im heißen Ofen (oben) in 5–7 Min. hellbraun überbacken. Sofort heiß servieren und nach Belieben mit Pfeffer übermahlen.

SPARGEL-CIABATTINI

➤ **frühlingsfrisch**

Zutaten für 4 Personen:

- *12 Stangen grüner Spargel*
- *Salz*
- *50 g Bärlauch (ersatzweise frische Frühlingskräuter)*
- *150 g Doppelrahm-Frischkäse*
- *100 g Sahnequark*
- *Pfeffer • edelsüßes Paprikapulver*
- *4 Ciabatta-Brötchen*
- *4 Scheiben roh geräucherter Schinken*

ZUBEREITUNGSZEIT: 20 MIN.
PRO PORTION ETWA: 1385 KJ/ 330 KCAL

1 Den Spargel waschen, holzige Enden abschneiden. Die Stangen halbieren und in Salzwasser in 10–12 Min. garen. In einem Sieb kalt überbrausen, abtropfen lassen.

2 Inzwischen den Bärlauch waschen, trockenschütteln und fein hacken. Frischkäse und Quark verrühren, Bärlauch unterrühren und mit Salz, Pfeffer und Paprikapulver würzen.

3 Die Brötchen halbieren, untere Hälften dick mit der Bärlauch-Käse-Creme bestreichen. Den Spargel darauf verteilen, mit je einer Scheibe Schinken belegen und die oberen Brötchenhälften auflegen.

SPARGEL-KÄSE-TOAST

➤ **Klassiker neu aufgelegt**

Zutaten für 4 Personen:

- *8 Stangen grüner Spargel*
- *Salz*
- *4 Scheiben Toastbrot*
- *30 g Bärlauch (ersatzweise Basilikum)*
- *60 g weiche Butter*
- *Pfeffer*
- *8 Scheiben Butterkäse (ca. 180 g)*
- *4 Scheiben gekochter Schinken*

ZUBEREITUNGSZEIT: 25 MIN.
PRO PORTION ETWA: 1720 KJ/ 410 KCAL

1 Den Spargel waschen, holzige Enden abschneiden. Die Stangen halbieren und in Salzwasser in 10–12 Min. garen. In einem Sieb kalt überbrausen, abtropfen lassen.

2 Den Backofen auf 200° (Umluft 180°) vorheizen. Die Toastscheiben rösten. Den Bärlauch waschen, trockenschütteln und fein hacken. Mit einer Gabel gut unter die Butter mengen, salzen und pfeffern. Die Toasts mit der Bärlauchbutter bestreichen.

3 Je 1 Scheibe Käse auf 1 Schinkenscheibe legen, je 4 Spargelstücke darin einrollen, auf die Toasts legen. Übrigen Käse darüber legen. Im Ofen (oben) 5–7 Min. überbacken.

TUNFISCH-TRAMEZZINI

➤ italienisch

Zutaten für 4 Personen:

2 Dosen Tunfisch im eigenen Saft (à 140 g Abtropfgewicht)

1 EL Kapern

3 EL gehackte Petersilie

1 TL Zitronensaft

3 EL Mayonnaise

Salz • Pfeffer

100 g Salatgurke • 2 kleine Tomaten

200 g Mozzarella

8 Scheiben Toast- oder Sandwichbrot

ZUBEREITUNGSZEIT: 15 MIN.
PRO PORTION ETWA: 1575 KJ/ 375 KCAL

1 Den Tunfisch abtropfen lassen und fein zerpflücken. Kapern hacken, mit Petersilie, Tunfisch, Zitronensaft und Mayonnaise mischen, mit Salz und Pfeffer würzen. Gurke und Tomaten waschen und in feine Scheiben schneiden. Mozzarella trockentupfen und in dünne Scheiben schneiden.

2 4 Brotscheiben mit Gurke belegen. Erst Tunfischmasse, dann Tomaten darauf geben, salzen und pfeffern. Mozzarella und übrige Brotscheiben darauf legen, leicht andrücken und diagonal durchschneiden.

TUNFISCH-PIZZA-TOAST

➤ für Fischfans

Zutaten für 4 Personen:

6 Tomaten • 1/2 Bund Rucola

1 EL Kapern • 200 g Mozzarella

2 Dosen Tunfisch in Öl (à 140 g Abtropfgewicht)

1/2 TL getrockneter Oregano

Salz • Pfeffer

4 Toasties (runde Toastbrötchen)

1 Knoblauchzehe

4 EL Sonnenblumen-Kernöl

ZUBEREITUNGSZEIT: 25 MIN.
PRO PORTION ETWA: 1950 KJ/ 465 KCAL

1 Den Backofen auf 200° (Umluft 180°) vorheizen. Tomaten waschen, 3 in Scheiben schneiden, die übrigen würfeln. Rucola waschen, mit den Kapern fein hacken. Mozzarella würfeln. Tunfisch abtropfen lassen, zerpflücken und mit gewürfelten Tomaten, Rucola, Kapern, Mozzarella und Oregano mischen, salzen und pfeffern.

2 Toastbrötchen halbieren und toasten. Knoblauch halbieren, Brötchen damit abreiben, mit dem Öl beträufeln. Tomatenscheiben und Tunfischmasse darauf verteilen und im heißen Ofen (oben) 6–8 Min. backen.

HONOLULU-SANDWICH

➤ **fruchtiger Sattmacher**

Zutaten für 4 Personen:

- *2 Stangen Staudensellerie*
- *150 g frisches Ananasfruchtfleisch*
- *3 EL Mayonnaise • 150 g Frischkäse*
- *1 TL Currypulver*
- *Salz • Pfeffer*
- *8 Blätter Eisbergsalat*
- *12 Scheiben Toastbrot*
- *4 Scheiben Allgäuer Emmentaler (ca. 120 g)*
- *4 Scheiben gekochter Schinken*

ZUBEREITUNGSZEIT: 20 MIN.
PRO PORTION ETWA: 2395 KJ/ 570 KCAL

1 Den Staudensellerie waschen, putzen und in hauchdünne Scheiben schneiden. Ananas klein würfeln. Mayonnaise, Frischkäse und Currypulver verrühren, salzen und pfeffern. Den Salat waschen und abtrocknen.

2 Die Toastscheiben toasten. 8 davon mit der Mayonnaise bestreichen und jeweils 4 mit Staudensellerie und Käse, 4 mit Ananas und Schinken belegen und mit je 1 Salatblatt abdecken. Die Sellerie-Käse-Toasts mit den Ananas-Schinken-Toasts belegen, mit übrigen 4 Scheiben abdecken. Leicht zusammendrücken und diagonal halbieren.

TOAST HAWAII

➤ **Klassiker auf neue Art**

Zutaten für 4 Personen:

- *2 Stangen Staudensellerie*
- *3 EL Mayonnaise*
- *100 g Frischkäse*
- *1 TL Currypulver*
- *Salz • Pfeffer*
- *4 Scheiben Toastbrot*
- *4 Scheiben gekochter Schinken*
- *4 Scheiben frisches Ananasfruchtfleisch*
- *4 Scheiben Allgäuer Emmentaler (ca. 120 g)*
- *4 Cocktailkirschen (nach Belieben)*

ZUBEREITUNGSZEIT: 20 MIN.
PRO PORTION ETWA: 1805 KJ/ 430 KCAL

1 Den Backofen auf 200° (Umluft 180°) vorheizen. Staudensellerie waschen, putzen und sehr fein würfeln. Mayonnaise, Frischkäse und Currypulver verrühren, Selleriewürfel untermischen, salzen und pfeffern.

2 Die Toastscheiben toasten, abkühlen lassen, mit der Selleriemischung bestreichen. Erst je 1 Schinken-, dann 1 Ananasscheibe darauf legen. Mit den Käsescheiben abdecken und im heißen Ofen in 6–8 Min. goldgelb backen. Nach Belieben mit je 1 Cocktailkirsche garnieren.

STAINLESS STEEL

BIERGARTENSTANGERL

➤ **bayrisch**

Zutaten für 4 Personen:

- *1 kleine rote Zwiebel*
- *300 g reifer Camembert*
- *50 g weiche Butter*
- *3 EL Bier*
- *1 Bund Schnittlauch*
- *1 Bund Radieschen*
- *Salz • Pfeffer*
- *1 TL edelsüßes Paprikapulver*
- *4 Laugenstangen*

ZUBEREITUNGSZEIT: 15 MIN.
PRO PORTION ETWA: 2165 KJ/ 515 KCAL

1 Die Zwiebel schälen und fein würfeln. Den Camembert halbieren, die Rinde möglichst dünn abschneiden und wegwerfen. Das Innere des Käses mit Butter und Bier mit einer Gabel gut vermengen.

2 Den Schnittlauch waschen, trockenschütteln und in Röllchen schneiden. Radieschen waschen, putzen und vierteln. Beides unter die Käsemasse mischen, mit Salz, Pfeffer und Paprikapulver würzen. Die Laugenstangen halbieren und mit der Käsecreme bestreichen oder einfach so zum Stippen dazu servieren.

HEISSER BAYERN-TOAST

➤ **zünftig**

Zutaten für 4 Personen:

- *2 Frühlingszwiebeln*
- *1 Bund Schnittlauch*
- *200 g reifer Camembert*
- *4 Laugenstangen*
- *3 EL Bier • 2 Eier*
- *Salz • Pfeffer*
- *edelsüßes Paprikapulver*
- *2 EL Butter*

ZUBEREITUNGSZEIT: 15 MIN.
PRO PORTION ETWA: 1720 KJ/ 410 KCAL

1 Den Backofen auf 200° (Umluft 180°) vorheizen. Frühlingszwiebeln waschen, putzen und in feine Ringe schneiden. Schnittlauch waschen und in Röllchen schneiden, den Camembert würfeln.

2 Von den Laugenstangen einen kleinen Deckel abschneiden, unteren Teil leicht aushöhlen. Krume und Deckel hacken. Bier und Eier verquirlen, mit Salz, Pfeffer und Paprika würzen. Frühlingszwiebeln, Schnittlauch, Camembert und gehackte Laugenstange unterrühren. In die Stangen füllen. Butter in Flöckchen darauf geben, im Ofen (oben) ca. 10 Min. überbacken.

PILZCREMESCHNITTCHEN

➤ **edle Vorspeise**

Zutaten für 4 Personen:

- *400 g braune Champignons*
- *1 Zwiebel • 1 Zweig Rosmarin*
- *2 EL Butter*
- *3 EL Cognac (nach Belieben)*
- *Salz • Pfeffer*
- *3 EL Crème fraîche*
- *60 g Allgäuer Bergkäse, frisch gerieben*
- *4 Scheiben Vollkorntoast*

ZUBEREITUNGSZEIT: 30 MIN.
PRO PORTION ETWA: 945 KJ/ 225 KCAL

1 Champignons putzen und in Scheiben schneiden. Die Zwiebel schälen und fein würfeln. Den Rosmarin waschen, die Nadeln abstreifen und hacken.

2 Butter in einer Pfanne erhitzen, Zwiebel darin andünsten. Pilze und Rosmarin dazugeben, unter Rühren 5–7 Min. braten. Cognac dazugeben, 1 Min. weiterbraten, salzen und pfeffern, abkühlen lassen.

3 Die Pilze mit der Crème fraîche grob pürieren, den Käse unterrühren. Toastscheiben toasten, diagonal vierteln und mit der Pilz-Käse-Creme bestreichen.

CHAMPIGNON-TOAST

➤ **würzig mit Biss**

Zutaten für 4 Personen:

- *300 g braune Champignons*
- *1 Zwiebel • 1 Zweig Rosmarin*
- *80 g geräucherter Speck*
- *4 EL Butter*
- *Salz • Pfeffer*
- *4 Scheiben Vollkorntoast*
- *4 Scheiben Allgäuer Emmentaler (180 g)*

ZUBEREITUNGSZEIT: 25 MIN.
PRO PORTION ETWA: 1765 KJ/ 420 KCAL

1 Den Backofen auf 200° (Umluft 180°) vorheizen. Champignons putzen, in Scheiben schneiden. Zwiebel schälen, fein würfeln. Rosmarin waschen, Nadeln abstreifen und hacken. Speck fein würfeln.

2 2 EL Butter in einer Pfanne leicht erhitzen, den Speck darin auslassen, Zwiebel dazugeben und glasig dünsten. Pilze und Rosmarin dazugeben und unter Rühren 5–7 Min. braten, bis fast alle Flüssigkeit verdampft ist. Salzen und pfeffern.

3 Toastscheiben toasten, abkühlen lassen und mit der übrigen Butter bestreichen. Pilze darauf verteilen, Käse darüber legen und im Ofen (oben) in 5–7 Min. überbacken.

Käse – in paradiesischer Fülle

Schier unendlich und verführerisch ist die Vielzahl an leckeren deutschen Käsesorten, aus der man heute wählen kann. Um nicht den Überblick zu verlieren, wird Käse daher nach zwei Grundkriterien eingeteilt: seinem **Wassergehalt** (Wff = der Wassergehalt in der fettfreien Käsemasse) und seinem **Fettgehalt** in der Trockenmasse (Fett i.Tr.). Zur Trockenmasse werden Eiweiß, Fett und Mineralstoffe gezählt.
Spielt diese Einteilung beim Genuss eines Käsebrotes eine geringere Rolle, so gewinnt sie beim Überbacken an Bedeutung: Grundsätzlich eignet sich jeder Käse, denn unter Hitzeeinwirkung schmelzen alle Sorten – jedoch nicht alle gleich, das Resultat fällt je nach Sorte unterschiedlich aus.

Hartkäse (höchster Anteil an Trockenmasse, meist vollfett): Hartkäsesorten wie z. B. Allgäuer Bergkäse oder Allgäuer Emmentaler sind kräftig und nussig im Geschmack. Zum Überbacken empfiehlt es sich, Hartkäse zu reiben. Er schmilzt so besser und wird schön knusprig. Chester schmeckt leicht säuerlich-pikant, er bleibt beim Überbacken ideal in Form.

Schnittkäse (mehr Wasser und weniger Trockenmasse): Im Gegensatz zu Hartkäse zerlaufen junge und halbfeste Schnittkäse wie Deutscher Gouda, Tilsiter oder Edelpilzkäse cremig und bräunen gleichmäßig. Sie schmecken – je nach Sorte und Alter – mild bis pikant, Edelpilzkäse wird etwas intensiver im Geschmack.

Weichkäse wie Camembert, Limburger sowie Pasta-filata-Käse (z.B. Deutscher Mozzarella) brauchen generell nur eine kurze Überbackzeit und weniger hohe Temperaturen. Camembert und Limburger schmecken und riechen durch das Erwärmen kräftiger und schmelzen cremig.

Ideale Kombis für schnelle Crostini

1 **Kräftig & deftig:** 1 Zwiebel schälen, in Ringe schneiden, in 1 EL Öl hellbraun dünsten. 1 Scheibe Baguette rösten, Zwiebel darauf verteilen, mit 1 kleinen Scheibe Allg. Bergkäse überbacken.

2 **Eigenwillig & fruchtig:** 1 geröstete Scheibe Baguette mit 1 TL Feigensenf bestreichen. 1/2 Feige waschen, in Scheiben schneiden, darauf legen. Mit 1–2 Scheiben Camembert überbacken.

3 **Mild & mediterran:** 1 Tomate waschen, in Scheiben schneiden, auf 1 Scheibe Baguette legen. 1 Sardellenfilet und 1 TL gehacktes Basilikum darauf verteilen, mit Mozzarella überbacken.

4 **Pikant & ungewöhnlich:** 50 g Kabanossi würfeln, mit 4–5 eingelegten Kürbiswürfeln mischen. Auf 1 gerösteten Scheibe Baguette verteilen und mit 1/2 Scheibe Tilsiter goldgelb überbacken.

BIRNEN-BRIE-BRÖTCHEN

➤ **herbstlich**

Zutaten für 4 Personen:

2 kleine Fenchelknollen
2 kleine Birnen
2 EL Zitronensaft
150 g saure Sahne
1 TL Meerrettich (aus dem Glas)
Salz • Pfeffer
4 Nussbrötchen
3 EL Haselnussblättchen
200 g Brie
3 EL Preiselbeerkompott (aus dem Glas)

ZUBEREITUNGSZEIT: 15 MIN.
PRO PORTION ETWA: 1955 KJ/ 465 KCAL

1 Den Fenchel waschen, putzen und in feine Streifen schneiden. Birnen waschen, vierteln, Kerngehäuse entfernen und längs in Scheiben schneiden, mit 1 EL Zitronensaft beträufeln. Übrigen Zitronensaft mit saurer Sahne und Meerrettich verrühren und mit dem Fenchel mischen, salzen und pfeffern.

2 Brötchen halbieren, Fenchelmischung darauf verteilen, mit Haselnüssen bestreuen. Brie in Scheiben schneiden, im Wechsel mit den Birnen darauf legen. Preiselbeeren darüber träufeln und Brötchen zudecken.

NUSSIGER FENCHEL-TOAST

➤ **knusprig**

Zutaten für 4 Personen:

5 Scheiben Toastbrot
200 g Frischkäse
1 TL Meerrettich (aus dem Glas)
1 Eigelb • 1 Ei
100 g Haselnussblättchen
60 g Allg. Bergkäse, frisch gerieben
Salz • Pfeffer
1 große Fenchelknolle
1 Birne • 2 EL Butter

ZUBEREITUNGSZEIT: 25 MIN.
PRO PORTION ETWA: 2245 KJ/ 535 KCAL

1 Backofen auf 200° (Umluft 180°) vorheizen. 1 Toastscheibe zu Bröseln reiben, restliche Toasts toasten. Frischkäse, Meerrettich, Eigelb, Ei, Haselnussblättchen, Bergkäse und Toastbrösel gut verrühren, salzen und pfeffern.

2 Fenchel und Birne waschen und putzen, beides in hauchdünne Scheiben schneiden. Übrige Toasts mit Butter bestreichen. Fenchel und Birne abwechselnd darauf legen, pfeffern. Frischkäsemasse darauf geben und fest andrücken. Im heißen Ofen (oben) 6–8 Min knusprig braun backen.

AVOCADO-BURGER

➤ **vegetarisch**

Zutaten für Personen:

- *1 reife Avocado*
- *2 EL Limettensaft, frisch gepresst*
- *1/4 TL Kreuzkümmelpulver*
- *2 Frühlingszwiebeln*
- *Salz • Pfeffer*
- *1 rote Paprikaschote*
- *200 g Gouda*
- *6 EL Gemüsemais (aus der Dose)*
- *4 EL Tomatensalsa (aus dem Glas)*
- *4 Hamburger- oder Hot-Dog-Brötchen*

ZUBEREITUNGSZEIT: 20 MIN.
PRO PORTION ETWA: 1975 KJ/ 470 KCAL

1 Avocado halbieren, Kern entfernen, Fruchtfleisch aus der Schale lösen. Mit Limettensaft und Kreuzkümmel mit einer Gabel fein zermusen. Frühlingszwiebeln waschen, putzen, mit dem zarten Grün in feine Ringe schneiden, unterrühren, salzen und pfeffern.

2 Paprikaschote waschen, putzen und mit dem Gouda klein würfeln. Beides mit Mais und Salsa mischen. Brötchen halbieren und nach Belieben rösten. Mit dem Avocadomus bestreichen, Käse-Paprika-Mischung darauf geben und zusammenklappen.

TOASTADO »MEXICO«

➤ **feurig-scharf**

Zutaten für 4 Personen:

- *1 rote Paprikaschote*
- *1 reife Avocado*
- *8 EL Gemüsemais (aus der Dose)*
- *8 EL scharfe Tomatensalsa (aus dem Glas)*
- *1/2 Bund Koriandergrün*
- *150 g Gouda*
- *150 g Kabanossi*
- *Salz • Pfeffer*
- *4 Pita-Taschen oder Minifladenbrote*

ZUBEREITUNGSZEIT: 25 MIN.
PRO PORTION ETWA: 2730 KJ/ 650 KCAL

1 Den Backofen auf 180° (Umluft 160°) vorheizen. Die Paprikaschote waschen, putzen und klein würfeln. Die Avocado halbieren, den Kern entfernen, das Fruchtfleisch auslösen und würfeln. Paprika und Mais mit der Salsa mischen. Koriandergrün waschen, trockenschütteln, hacken und untermischen.

2 Den Gouda grob raspeln, Kabanossi in kleine Würfel schneiden. Beides mit dem Gemüse mischen, salzen und pfeffern. Die Pita-Brote aufschneiden, mit der Gemüsemischung füllen und im heißen Backofen (Mitte) ca. 5 Min. aufbacken.

SAUERKRAUT-RÖGGELCHEN

➤ **raffinierte Kombi**

Zutaten für 4 Personen:

- *2 EL körniger Senf*
- *2 EL Weißweinessig*
- *2 EL Rapsöl*
- *Salz • Pfeffer*
- *250 g frisches Sauerkraut*
- *80 g weiße Trauben*
- *180 g Romadur*
- *4 Roggenbrötchen*
- *3 EL Butter*
- *2 EL gehackte Walnusskerne*

ZUBEREITUNGSZEIT: 15 MIN.
PRO PORTION ETWA: 1765 KJ/ 420 KCAL

1 Senf, Essig und Öl gut verrühren, mit Salz und Pfeffer würzen. Das Sauerkraut in ein Sieb geben und mit einer Gabel ausdrücken. Trauben waschen, halbieren und entkernen. Den Käse in Würfel schneiden. Alles gut mit der Sauce mischen.

2 Die Brötchen halbieren, die unteren Hälften mit der Butter bestreichen. Die Sauerkrautmischung gleichmäßig darauf verteilen. Die Walnüsse darüber streuen und die oberen Brötchenhälften auflegen. Dazu schmeckt Bier oder neuer Wein.

KASSELER-KÄSE-TOAST

➤ **kräftig und deftig**

Zutaten für 4 Personen:

- *4 Scheiben Vollkorntoast*
- *3 EL saure Sahne*
- *2 EL körniger Senf*
- *8 Scheiben Kasseleraufschnitt (ca. 250 g)*
- *200 g frisches Sauerkraut*
- *3 Zweige Thymian*
- *50 g weiße Trauben*
- *Salz • Pfeffer*
- *4 dicke Scheiben Butterkäse (ca. 180 g)*

ZUBEREITUNGSZEIT: 25 MIN.
PRO PORTION ETWA: 1430 KJ/ 340 KCAL

1 Den Ofen auf 200° (Umluft 180°) vorheizen. Die Toastscheiben toasten. Die saure Sahne mit dem Senf verrühren. Die Toasts damit bestreichen und mit je 2 Scheiben Kasseler belegen.

2 Das Sauerkraut ausdrücken und mit einer Gabel auflockern. Den Thymian waschen, die Blättchen abzupfen und hacken. Die Trauben waschen, halbieren und entkernen. Alles gut vermischen, mit Salz und Pfeffer würzen und auf den Toasts verteilen. Mit dem Käse belegen und im heißen Backofen (oben) 6–8 Min. überbacken.

SPROSSEN-SANDWICH

➤ **asiatisch**

Zutaten für 4 Personen:

- *3 EL Erdnussbutter • 100 g Frischkäse*
- *2 EL Sweet-Chili-Sauce (Asienladen)*
- *2 EL Limettensaft • Salz • Pfeffer*
- *1 kleine reife Mango*
- *150 g Sprossen (z. B. Alfalfa- oder Mungbohnensprossen)*
- *100 g Butterkäse*
- *8 Scheiben Toastbrot*
- *100 g Schweinebratenaufschnitt*

ZUBEREITUNGSZEIT: 20 MIN.
PRO PORTION ETWA: 1720 KJ/ 410 KCAL

1 Erdnussbutter mit Frischkäse, Chilisauce und Limettensaft glatt verrühren, mit Salz und Pfeffer abschmecken. Mango schälen, das Fruchtfleisch längs vom Stein und in Scheiben schneiden. Sprossen abbrausen und abtropfen lassen. Den Käse in Würfel schneiden und mit den Sprossen mischen.

2 Die Toastscheiben toasten und abkühlen lassen. 4 Scheiben mit Erdnusscreme bestreichen, den Schweinebraten darauf legen. Mangoscheiben und die Sprossen-Käse-Mischung darüber geben, mit den übrigen Toasts abdecken.

HEISSER MANGO-TOAST

➤ **fruchtig-herzhaft**

Zutaten für 4 Personen:

- *3 EL geröstete gesalzene Erdnüsse*
- *4 EL Mayonnaise*
- *1 TL Currypulver*
- *Salz • Pfeffer*
- *1 kleine reife Mango*
- *2 Frühlingszwiebeln*
- *4 Scheiben Toastbrot*
- *150 g Schweinebratenaufschnitt*
- *180 g Edamer in Scheiben*

ZUBEREITUNGSZEIT: 25 MIN.
PRO PORTION ETWA: 1930 KJ/ 460 KCAL

1 Den Backofen auf 200° (Umluft 180°) vorheizen. Erdnüsse mit dem Messer oder im Blitzhacker grob hacken, mit Mayonnaise und Curry mischen, salzen und pfeffern. Die Mango schälen, das Fruchtfleisch vom Stein und in schmale Streifen schneiden. Die Frühlingszwiebeln waschen, putzen, den unteren weißen Teil längs vierteln.

2 Die Toastbrote toasten. Mit der Currycreme bestreichen, Schweinebraten darauf legen. Die Frühlingszwiebel- und Mangostreifen darauf verteilen und mit Käse abdecken. Im heißen Ofen (oben) 6–8 Min. überbacken.

SPINATCREME-SANDWICH

➤ **frühlingsfrisch**

Zutaten für 4 Personen:

- *200 g frischer junger Spinat*
- *1 Bund Basilikum*
- *100 g Frischkäse*
- *4 getrocknete, in Öl eingelegte Tomaten*
- *1/4 TL abgeriebene unbehandelte Zitronenschale*
- *4 EL Mayonnaise*
- *50 g Allgäuer Emmentaler, frisch gerieben*
- *200 g geschälte gegarte Garnelen*
- *Salz • Pfeffer*
- *8 Scheiben Toast- oder Sandwichbrot*

ZUBEREITUNGSZEIT: 20 MIN.
PRO PORTION ETWA: 1720 KJ/ 410 KCAL

1 Spinat und Basilikum waschen, verlesen, gut abtropfen lassen. Beides hacken und mit dem Frischkäse im Mixer oder mit dem Pürierstab pürieren. Die Tomaten würfeln, mit Zitronenschale, Mayonnaise, Käse und den Garnelen unter die Spinat-Frischkäse-Mischung rühren, salzen und pfeffern.

2 4 Brotscheiben mit der Spinat-Garnelen-Creme bestreichen, die übrigen Scheiben darauf legen, leicht andrücken und die Sandwiches halbieren oder dritteln.

SPINAT-GARNELEN-TOAST

➤ **mediterran**

Zutaten für 4 Personen:

- *150 g TK-Blattspinat*
- *4 getrocknete, in Öl eingelegte Tomaten*
- *100 g Frischkäse*
- *Salz • Pfeffer*
- *3 EL Mayonnaise*
- *1/4 TL abgeriebene unbehandelte Zitronenschale*
- *4 Scheiben Toastbrot*
- *200 g geschälte gegarte Garnelen*
- *200 g Mozzarella*

ZUBEREITUNGSZEIT: 25 MIN.
PRO PORTION ETWA: 1680 KJ/ 400 KCAL

1 Den Spinat auftauen lassen und in einem Sieb gut ausdrücken. Den Backofen auf 200° (Umluft 180°) vorheizen. Tomaten würfeln und mit dem Frischkäse unter den Spinat mischen, salzen und pfeffern.

2 Mayonnaise mit Zitronenschale verrühren. Toastscheiben toasten, abkühlen lassen und mit Mayonnaise bestreichen. Spinatmasse darauf verteilen, die Garnelen darüber geben. Mozzarella trockentupfen, in Scheiben schneiden und auf den Toasts verteilen. Im heißen Ofen (oben) 5–7 Min. überbacken.

SOMMERFLADEN

➤ griechisch

Zutaten für 4 Personen:

- *150 g entsteinte schwarze Oliven*
- *3 Sardellenfilets (in Salzlake)*
- *2 EL Pinienkerne • 5 EL Rapsöl • Pfeffer*
- *2 Tomaten • 100 g Salatgurke*
- *4–6 eingelegte milde Peperoni*
- *6 Blätter Romanasalat*
- *1 Fladenbrot (z. B. türkisches)*
- *150 g Schafkäse*

ZUBEREITUNGSZEIT: 20 MIN.
PRO PORTION ETWA: 3215 KJ/ 765 KCAL

1 Die Oliven mit Sardellen, Pinienkernen und Rapsöl im Mixer pürieren und mit Pfeffer abschmecken. Die Tomaten waschen, in Scheiben schneiden, dabei den Stielansatz entfernen. Die Salatgurke waschen und in Scheiben, die Peperoni in grobe Stücke schneiden. Den Salat waschen, trockentupfen und in breite Streifen schneiden.

2 Das Fladenbrot vierteln, aufschneiden, nach Belieben die Innenseiten rösten. Die untere Seite mit Olivenpaste bestreichen, darauf Tomaten, Gurke, Salat und Peperoni verteilen, den Schafkäse darüber bröckeln und die Fladenbrote zuklappen.

OLYMPIA-TOAST

➤ würzig bunt

Zutaten für 4 Personen:

- *2 EL Tomatenmark • 2 EL Butter*
- *1/4 TL getrockneter Thymian*
- *Salz • Pfeffer*
- *2 Tomaten*
- *4 eingelegte milde Peperoni*
- *5 entsteinte schwarze Oliven*
- *200 g Schafkäse*
- *1/2 Fladenbrot (z. B. türkisches)*
- *3 EL Rapsöl*

ZUBEREITUNGSZEIT: 25 MIN.
PRO PORTION ETWA: 1910 KJ/ 455 KCAL

1 Den Backofen auf 200° (Umluft 180°) vorheizen. Tomatenmark, Butter und Thymian vermengen, salzen und pfeffern. Tomaten waschen, in Scheiben schneiden. Peperoni in grobe Stücke, Oliven in Ringe und Schafkäse in Scheiben schneiden.

2 Das Fladenbrot aufschneiden, die Hälften innen mit der Tomatenbutter bestreichen. Tomaten, Peperoni und Oliven darauf verteilen, salzen und pfeffern. Den Schafkäse darüber legen und mit dem Rapsöl beträufeln. Im heißen Backofen (oben) ca. 5–7 Min. überbacken und halbieren.

HÄHNCHEN-SANDWICH

➤ **sommerlich**

Zutaten für 4 Personen:

- *1 Zucchino*
- *400 g Hähnchenbrustfilet*
- *2 EL Butterschmalz*
- *Salz • Pfeffer*
- *2 Tomaten*
- *4 EL Pesto (aus dem Glas)*
- *80 g Frischkäse*
- *4 Brötchen*
- *4 Scheiben Tilsiter*

ZUBEREITUNGSZEIT: 30 MIN.
PRO PORTION ETWA: 2375 KJ/ 565 KCAL

1 Den Zucchino waschen, putzen und längs in dünne Scheiben schneiden. Das Fleisch im Schmalz bei mittlerer Hitze ca. 10 Min. beidseitig braten. Herausnehmen, salzen und pfeffern. Die Zucchini im Bratfett 3–4 Min. braten, salzen und pfeffern.

2 Tomaten waschen, in Scheiben schneiden. Fleisch in Scheiben schneiden. Pesto mit Frischkäse verrühren. Brötchen halbieren, untere Hälften mit Pestocreme bestreichen. Tomaten, Zucchini und Hähnchenfleisch darauf geben, Käse darüber legen und die oberen Brötchenhälften auflegen.

HÄHNCHEN-KÄSE-TOAST

➤ **mediterran**

Zutaten für 4 Personen:

- *1 Zucchino*
- *200 g Hähnchenbrustfilet*
- *2 EL Butterschmalz*
- *Salz • Pfeffer*
- *1/2 TL getrocknete Kräuter der Provence*
- *2 Tomaten*
- *4 Scheiben Toastbrot*
- *150 g Allgäuer Bergkäse*

ZUBEREITUNGSZEIT: 30 MIN.
PRO PORTION ETWA: 1470 KJ/ 350 KCAL

1 Den Backofen auf 200° (Umluft 180°) vorheizen. Den Zucchino waschen, putzen und längs in dünne Scheiben schneiden. Das Fleisch im Schmalz bei mittlerer Hitze ca. 6–8 Min. beidseitig braten. Herausnehmen, salzen und pfeffern. Im Bratfett die Zucchini 3–4 Min. braten, mit Salz, Pfeffer und Kräutern der Provence würzen.

2 Tomaten waschen, in Scheiben schneiden. Toastscheiben toasten, Tomaten darauf verteilen. Fleisch in Scheiben schneiden, mit den Zucchini darauf legen. Den Käse reiben, darüber streuen und die Toasts im heißen Ofen (oben) 5–6 Min. überbacken.

Impressum

Ein besonderer Dank geht an die CMA Centrale Marketing-Gesellschaft der deutschen Agrarwirtschaft mbH, Bonn.

CMA
Bestes vom Bauern.

www.deutscher-kaese.de
www.cma.de

Programmleitung: Doris Birk
Leitende Redakteurin: Birgit Rademacker
Redaktion: Sigrid Burghard
Lektorat: Margit Proebst
Umschlag- und Innenlayout: independent Medien-Design
Fotos: FoodPhotography Eising/ Martina Görlach
Foodstyling: Michael Koch
Herstellung: Bettina Häfele
Satz: Uhl + Massopust, Aalen
Reproduktionen: Penta Repro, München
Druck und Bindung: Alcione
ISBN: 3-8338-0023-2

Auflage:	4.	3.	2.	1.
Jahr:	2008	2007	2006	2005

GRÄFE UND UNZER

Ein Unternehmen der
GANSKE VERLAGSGRUPPE